GUIDE PRATIQUE POUR LA RECHERCHE D'EMPLOI EN FRANCE

Sabrina du perray

Copyright © 2024 Sabrina DU PERRAY

All rights reserved

The characters and events portrayed in this book are fictitious. Any similarity to real persons, living or dead, is coincidental and not intended by the author.

No part of this book may be reproduced, or stored in a retrieval system, or transmitted in any form or by any means, electronic, mechanical, photocopying, recording, or otherwise, without express written permission of the publisher.

CONTENTS

Title Page	
Copyright	
Guide Pratique pour la Recherche d'Emploi en France	1
Introduction	2
Chapitre 1 : Préparation de votre candidature	5
Chapitre 2 : Où chercher des offres d'emploi	14
Chapitre 3 : Stratégies de candidature spontanée	26
Chapitre 4 : Réseau personnel et professionnel	33
Chapitre 5 : Préparation aux entretiens	39
Chapitre 6 : Développement des compétences	47
Chapitre 7 : Aspects pratiques et administratifs	53
Conclusion	58
Annexe A : Modèles de CV et lettres de motivation	60
Annexe B : Liste des sites d'emploi et des agences de recrutement	62
Annexe C : Check-list pour l'entretien d'embauche	64
Annexe D : Programme de Recherche d'Emploi	67
Le mot de la fin	70
REMERCIEMENTS	71

GUIDE PRATIQUE POUR LA RECHERCHE D'EMPLOI EN FRANCE

Sabrina DU PERRAY

INTRODUCTION

La recherche d'emploi peut être un défi, mais avec les bonnes stratégies et les bons outils, vous pouvez augmenter vos chances de trouver le poste idéal. Ce guide vous fournira des conseils pratiques et des ressources pour vous aider à chaque étape de votre recherche.

C'est une étape cruciale dans la vie professionnelle de chacun. Que vous soyez fraîchement diplômé, en reconversion professionnelle ou simplement en quête d'une nouvelle opportunité, cette phase peut s'avérer complexe et stressante. Cependant, avec les bonnes stratégies et une préparation adéquate, vous pouvez non seulement rendre ce processus plus efficace mais aussi plus gratifiant.

Dans un marché du travail en constante évolution, il est essentiel de se démarquer. Les employeurs recherchent des candidats non seulement compétents, mais aussi adaptables et prêts à s'investir dans leur entreprise. Cela nécessite une présentation impeccable de votre profil, une connaissance approfondie des outils modernes de recherche d'emploi et une capacité à se vendre de manière authentique et convaincante.

Ce guide pratique est conçu pour vous accompagner à chaque étape de votre recherche d'emploi en France. Nous aborderons les aspects fondamentaux tels que la préparation de votre CV et de votre lettre de motivation, l'utilisation des plateformes de recherche d'emploi, et l'importance du réseau professionnel. Nous explorerons également des stratégies avancées comme la candidature spontanée et la préparation aux entretiens, afin de maximiser vos chances de succès.

Pourquoi ce guide est-il essentiel pour vous ?

1. **Gagner du temps et de l'efficacité** : En suivant des conseils éprouvés et structurés, vous éviterez les erreurs

courantes et optimiserez chaque aspect de votre recherche d'emploi.
2. **Accéder à des ressources fiables** : Nous avons compilé une liste de sites d'emploi, d'agences de recrutement et de formations qui vous seront d'une grande aide.
3. **Développer vos compétences** : Vous découvrirez comment identifier vos besoins en formation et accéder à des ressources pour vous améliorer continuellement.
4. **Se préparer aux entretiens** : Nous vous fournirons des techniques pour vous présenter sous votre meilleur jour et répondre aux questions les plus courantes de manière confiante.

À qui s'adresse ce guide ?

- **Aux jeunes diplômés** : Pour ceux qui entrent pour la première fois sur le marché du travail et ont besoin de conseils pour faire leurs premiers pas.
- **Aux professionnels en reconversion** : Pour ceux qui cherchent à changer de carrière et ont besoin de stratégies pour se repositionner.
- **Aux demandeurs d'emploi expérimentés** : Pour ceux qui souhaitent optimiser leur recherche et trouver rapidement un nouveau poste.

Ce guide n'est pas seulement une compilation de conseils, mais un véritable compagnon de route dans votre quête du poste idéal. En suivant les étapes et en utilisant les ressources proposées, vous serez mieux préparé et plus confiant pour affronter les défis de la recherche d'emploi. Rappelez-vous que chaque candidature, chaque entretien, est une opportunité d'apprendre et de vous rapprocher de votre objectif.

Bonne lecture et surtout, bonne chance dans votre recherche d'emploi ! Que ce guide vous soit utile et vous aide à atteindre vos aspirations professionnelles.

CHAPITRE 1 : PRÉPARATION DE VOTRE CANDIDATURE

1.1. Rédaction d'un CV efficace

Structure et présentation

Un CV bien structuré et présenté est essentiel pour capter l'attention des recruteurs. Voici les éléments clés à inclure et les bonnes pratiques à suivre :

1.1.1. Informations personnelles
- **Nom et prénom**
- **Coordonnées** : adresse, numéro de téléphone, adresse email (professionnelle)
- **Profil LinkedIn** : incluez un lien vers votre profil, si celui-ci est à jour et professionnel

1.1.2. Titre du CV
- **Titre clair et précis** : indiquez le poste que vous recherchez ou votre domaine de compétence principal (par exemple, "Développeur Web Junior" ou "Responsable Marketing Digital")

1.1.3. Accroche professionnelle
- **Résumé de profil** : quelques lignes qui synthétisent votre expérience, vos compétences principales et vos objectifs professionnels. Cette section doit donner envie au recruteur de lire la suite.

1.1.4. Expériences professionnelles
- **Chronologie inversée** : commencez par votre expérience la plus récente
- **Informations essentielles** : pour chaque poste, indiquez

le nom de l'entreprise, la période d'emploi (mois et année), le titre du poste et les responsabilités principales
- **Réalisations clés** : mettez en avant vos accomplissements avec des chiffres et des résultats concrets (par exemple, "augmentation des ventes de 20% en un an")

1.1.5. Formation

- **Diplômes et certifications** : listez vos diplômes en commençant par le plus récent, incluant le nom de l'établissement et l'année d'obtention
- **Cours pertinents** : si vous êtes un jeune diplômé, vous pouvez inclure les cours les plus pertinents pour le poste recherché

1.1.6. Compétences

- **Compétences techniques** : listez vos compétences techniques spécifiques (logiciels, langages de programmation, etc.)
- **Compétences interpersonnelles** : incluez des compétences telles que le leadership, la communication, le travail en équipe

1.1.7. Langues

- **Niveau de maîtrise** : précisez votre niveau de compétence pour chaque langue (par exemple, "Anglais : courant, Espagnol : intermédiaire")

1.1.8. Centres d'intérêt

- **Activités pertinentes** : mentionnez des intérêts qui peuvent enrichir votre profil professionnel ou démontrer des compétences transférables

1.1.9. Références

- **Sur demande** : il n'est pas nécessaire de fournir des références dans le CV, mais indiquez qu'elles sont disponibles sur demande

Adaptation du CV en fonction du poste

1.1.10. Analyse de l'offre d'emploi

- **Identifier les mots-clés** : repérez les mots-clés dans l'offre d'emploi et assurez-vous qu'ils apparaissent dans votre CV
- **Compétences requises** : faites correspondre vos compétences et expériences avec celles exigées par le poste

1.1.11. Personnalisation du contenu

- **Reformuler l'accroche professionnelle** : adaptez votre résumé de profil pour qu'il réponde directement aux attentes du recruteur
- **Mettre en avant les expériences pertinentes** : réorganisez ou développez certaines expériences pour les rendre plus pertinentes par rapport au poste visé

1.1.12. Utilisation de modèles spécifiques

- **Templates adaptés** : utilisez des modèles de CV professionnels qui correspondent à votre domaine d'activité (par exemple, un CV créatif pour un poste de designer, ou un CV plus sobre pour un poste administratif)

Exemples de CV réussis

1.1.13. Exemples concrets

- **Exemple 1 : CV pour un poste de développeur web junior**
  - Titre : Développeur Web Junior
  - Accroche : "Développeur web passionné avec 2 ans d'expérience en développement front-end. Compétent en HTML, CSS, JavaScript et React. Soucieux du détail et capable de travailler en équipe."
  - Expérience : "Stage de 6 mois chez XYZ, développement de fonctionnalités pour une application e-commerce..."

- Compétences : "HTML, CSS, JavaScript, React, Git, Responsive Design"
- **Exemple 2 : CV pour un poste de responsable marketing**
  - Titre : Responsable Marketing Digital
  - Accroche : "Responsable marketing digital avec plus de 5 ans d'expérience dans la gestion de campagnes publicitaires et l'analyse de données. Expert en SEO, SEA et gestion des réseaux sociaux."
  - Expérience : "Responsable Marketing chez ABC, augmentation du trafic web de 40% en un an grâce à des campagnes SEO efficaces..."
  - Compétences : "SEO, SEA, Google Analytics, Gestion de projet, Rédaction de contenu"

Ces exemples montrent comment structurer et personnaliser votre CV pour qu'il soit à la fois lisible, pertinent et convaincant pour les recruteurs. En suivant ces conseils, vous augmenterez considérablement vos chances de décrocher des entretiens et de trouver l'emploi que vous recherchez.

1.2. Rédaction de la lettre de motivation

Importance de personnaliser chaque lettre

La lettre de motivation est un complément essentiel à votre CV. Elle permet de démontrer votre intérêt pour le poste et l'entreprise, ainsi que votre adéquation avec les exigences du poste. Personnaliser chaque lettre de motivation est crucial pour capter l'attention des recruteurs et se distinguer des autres candidats. Une lettre générique peut donner l'impression que vous n'êtes pas réellement intéressé par le poste ou que vous manquez de motivation. Voici pourquoi la personnalisation est si importante :

- **Montre votre intérêt** : Une lettre personnalisée montre que vous avez pris le temps de vous renseigner sur l'entreprise et le poste, ce qui témoigne de votre sérieux et de votre motivation.
- **Adapte vos compétences** : Elle vous permet de mettre en avant les compétences et expériences les plus pertinentes par rapport aux attentes du recruteur.
- **Renforce votre candidature** : En reliant vos expériences passées aux besoins spécifiques de l'entreprise, vous pouvez créer une candidature plus convaincante et percutante.

Structure et contenu

Une lettre de motivation bien structurée est essentielle pour communiquer vos idées de manière claire et efficace. Voici les éléments clés et la structure recommandée pour une lettre de motivation :

1.2.1. En-tête

- **Vos coordonnées** : Nom, adresse, téléphone, email, date
- **Coordonnées de l'entreprise** : Nom du recruteur, nom de l'entreprise, adresse de l'entreprise

1.2.2. Objet

- Mentionnez l'objet de votre lettre, par exemple : "Candidature au poste de [Nom du Poste]"

1.2.3. Salutation

- Adressez-vous au recruteur par son nom si possible, sinon utilisez "Madame, Monsieur"

1.2.4. Introduction

- **Accroche** : Commencez par une phrase qui capte l'attention du recruteur. Par exemple, mentionnez un fait marquant sur l'entreprise ou expliquez brièvement pourquoi le poste vous intéresse.
- **Présentation** : Introduisez-vous en quelques lignes, en précisant votre situation actuelle (étudiant, professionnel en activité, etc.) et votre objectif de carrière.

1.2.5. Corps de la lettre

- **Paragraphe 1 : Votre motivation** : Expliquez pourquoi vous postulez à ce poste et pourquoi cette entreprise en particulier. Faites des liens avec vos valeurs, vos intérêts ou votre connaissance de l'entreprise.
- **Paragraphe 2 : Vos compétences et expériences** : Détaillez les compétences et expériences pertinentes que vous apportez. Utilisez des exemples concrets pour illustrer vos propos et montrez comment ils répondent aux besoins du poste.
- **Paragraphe 3 : Votre valeur ajoutée** : Mettez en avant ce que vous pouvez apporter à l'entreprise. Parlez de vos réussites passées et de la manière dont vous pouvez contribuer aux objectifs de l'entreprise.

1.2.6. Conclusion

- **Reformulez votre intérêt** : Rappelez brièvement pourquoi vous êtes le candidat idéal et exprimez votre enthousiasme pour une rencontre éventuelle.
- **Politesse** : Utilisez une formule de politesse adaptée, par exemple : "Je vous prie d'agréer, Madame, Monsieur, l'ex-

pression de mes salutations distinguées."

1.2.7. Signature
- **Votre signature** (pour les lettres imprimées) et votre nom complet

Exemples de lettres de motivation

1.2.8. Exemple 1 : Lettre de motivation pour un poste de développeur web junior

[Vos coordonnées]
Jean Dupont
123 Rue de la République
75001 Paris
jean.dupont@email.com
06 12 34 56 78
[Date]
[Coordonnées de l'entreprise]
Monsieur Pierre Martin
XYZ Technologies
45 Avenue des Champs-Élysées
75008 Paris

Objet : Candidature au poste de Développeur Web Junior

Madame, Monsieur,

Passionné par le développement web et titulaire d'un diplôme en informatique, je souhaite rejoindre votre équipe en tant que Développeur Web Junior. XYZ Technologies est une entreprise innovante dont les projets me passionnent, notamment votre dernier produit qui révolutionne l'expérience utilisateur.

Lors de mon stage chez ABC Corp, j'ai développé des fonctionnalités front-end pour une application e-commerce, améliorant ainsi la vitesse de chargement de 30 %. Je maîtrise les langages HTML, CSS, JavaScript et j'ai une expérience pratique avec React. Mon aptitude à résoudre des problèmes complexes et ma capacité à travailler en équipe sont des atouts que je suis impatient de mettre à votre service.

Je suis convaincu que mon enthousiasme et mes compétences techniques contribueront au succès des projets de XYZ Technologies. Je serais ravi de pouvoir discuter de ma candidature lors d'un entretien.

Je vous prie d'agréer, Madame, Monsieur, l'expression de mes salutations distinguées.

Jean Dupont

1.2.9. Exemple 2 : Lettre de motivation pour un poste de responsable marketing

[Vos coordonnées]
Marie Dubois
45 Rue de la Liberté
69001 Lyon
marie.dubois@email.com
07 89 45 67 23
[Date]
[Coordonnées de l'entreprise]
Madame Sophie Durand
ABC Marketing
12 Boulevard de la Victoire
69003 Lyon
Objet : Candidature au poste de Responsable Marketing Digital
Madame, Monsieur,

Spécialiste en marketing digital avec plus de cinq ans d'expérience, je suis très intéressée par l'opportunité de rejoindre votre équipe en tant que Responsable Marketing Digital. ABC Marketing se distingue par ses stratégies innovantes et son dynamisme, des qualités que je partage et que je souhaite mettre au service de votre entreprise.

En tant que Responsable Marketing chez XYZ, j'ai piloté des campagnes publicitaires qui ont conduit à une augmentation de 40 % du trafic web et à une croissance de 25 % des ventes en ligne. Ma maîtrise du SEO, SEA et des outils d'analyse de données me permet d'optimiser les stratégies de marketing digital pour atteindre les objectifs les plus ambitieux.

Je suis convaincue que mon expérience et ma passion pour le marketing digital me permettront de contribuer significativement au succès d'ABC Marketing. Je suis à votre disposition pour discuter plus en détail de mes compétences et de ma motivation.

Je vous prie d'agréer, Madame, Monsieur, l'expression de mes salutations distinguées.

Marie Dubois

Ces exemples montrent comment structurer et personnaliser une lettre de motivation pour qu'elle soit convaincante et adaptée au poste visé. En suivant ces recommandations, vous augmenterez vos chances de capter l'attention des recruteurs et de décrocher un entretien.

CHAPITRE 2 : OÙ CHERCHER DES OFFRES D'EMPLOI

2.1. Sites d'emploi en ligne

La recherche d'emploi en ligne est devenue incontournable grâce à la diversité et à la richesse des plateformes disponibles. Voici une présentation des principaux sites d'emploi en ligne, ainsi que les avantages et inconvénients de chacun.

Pôle Emploi

Pôle Emploi est le site officiel de l'agence nationale pour l'emploi en France. Il s'adresse à tous les demandeurs d'emploi, quel que soit leur secteur d'activité ou leur niveau de qualification.

Avantages :

- **Offres variées** : Grande diversité d'offres d'emploi dans tous les secteurs.
- **Services gratuits** : Accès gratuit à toutes les offres et aux services proposés (aide à la rédaction de CV, préparation aux entretiens, etc.).
- **Accompagnement personnalisé** : Conseillers disponibles pour aider dans la recherche d'emploi et le suivi des dossiers.

Inconvénients :

- **Interface utilisateur** : Peut être jugée peu intuitive par certains utilisateurs.
- **Concurrence** : Beaucoup de demandeurs d'emploi utilisent cette plateforme, ce qui augmente la concurrence pour chaque poste.

Apec

Apec (Association pour l'emploi des cadres) est spécialisée dans les offres d'emploi pour les cadres et les jeunes diplômés de l'enseignement supérieur.

Avantages :

- **Cible spécifique** : Adaptée aux cadres et aux jeunes diplômés, avec des offres de qualité.
- **Conseils et ressources** : Nombreux articles et guides pour l'orientation et l'évolution professionnelle.
- **Réseautage** : Organisation de salons et d'événements de recrutement pour les cadres.

Inconvénients :

- **Moins de diversité** : Moins adaptée aux personnes non-cadres ou sans diplôme de l'enseignement supérieur.
- **Offres limitées** : Nombre d'offres d'emploi moins élevé que sur des sites généralistes.

Indeed

Indeed est l'un des moteurs de recherche d'emploi les plus populaires au monde. Il agrège des offres d'emploi de différents sites, y compris les sites d'entreprise et les agences de recrutement.

Avantages :

- **Large éventail d'offres** : Grande diversité d'offres d'emploi dans tous les secteurs et pour tous les niveaux de qualification.
- **Interface intuitive** : Facile à utiliser, avec des filtres de recherche avancés.
- **Alertes emploi** : Possibilité de créer des alertes pour recevoir des offres correspondant à vos critères.

Inconvénients :

- **Qualité des annonces** : Certaines annonces peuvent être obsolètes ou de qualité variable.
- **Concurrence élevée** : Très utilisé, ce qui peut augmenter la concurrence pour certains postes.

Monster

Monster est une autre plateforme de recherche d'emploi bien connue, avec une forte présence internationale. Elle propose des offres pour divers secteurs et niveaux de qualification.

Avantages :

- **Base de données mondiale** : Accès à des offres d'emploi internationales.
- **Ressources pour candidats** : Conseils de carrière, outils de création de CV et simulateurs d'entretien.
- **Visibilité du CV** : Possibilité de rendre votre CV visible aux recruteurs inscrits sur la plateforme.

Inconvénients :

- **Moins de mises à jour** : Certaines offres peuvent ne pas être mises à jour régulièrement.
- **Publicité** : Présence de publicités et de contenus sponsorisés pouvant gêner l'expérience utilisateur.

Autres plateformes à considérer

LinkedIn

- **Avantages** : Réseautage professionnel, offres d'emploi adaptées à votre profil, recommandations et validations de compétences.
- **Inconvénients** : Principalement orienté vers les cadres et les professionnels, fonctionnalités avancées payantes.

Le Bon Coin

- **Avantages** : Offres locales, diversité des annonces, facilité d'utilisation.
- **Inconvénients** : Interface basique, certaines offres moins professionnelles.

Glassdoor

- **Avantages** : Informations sur les entreprises, avis des employés, salaires.

- **Inconvénients** : Moins d'offres que les grands sites d'emploi, qualité variable des avis.

Welcome to the Jungle

- **Avantages** : Présentation détaillée des entreprises, environnement de travail, offres ciblées.
- **Inconvénients** : Principalement orienté vers les start-ups et les entreprises tech.

En utilisant une combinaison de ces sites d'emploi en ligne, vous pouvez maximiser vos chances de trouver des opportunités qui correspondent à vos compétences et à vos aspirations professionnelles. Chaque plateforme a ses forces et ses faiblesses, il est donc recommandé de diversifier vos recherches pour optimiser vos chances de succès.

2.2. Réseaux sociaux professionnels

Utilisation de LinkedIn pour la recherche d'emploi

LinkedIn est le réseau social professionnel le plus utilisé dans le monde. Il est particulièrement efficace pour la recherche d'emploi grâce à ses nombreuses fonctionnalités et à son vaste réseau de professionnels. Voici comment utiliser LinkedIn de manière optimale pour votre recherche d'emploi :

2.2.1. Créer un profil professionnel complet

- **Photo de profil** : Utilisez une photo professionnelle et de haute qualité.
- **Titre professionnel** : Indiquez clairement votre poste actuel ou votre objectif de carrière.
- **Résumé** : Rédigez un résumé concis et percutant qui met en avant vos compétences, vos expériences et vos aspirations professionnelles.

2.2.2. Rechercher des offres d'emploi

- **Filtre de recherche** : Utilisez les filtres pour affiner votre recherche (localisation, secteur, niveau d'expérience).
- **Suivre des entreprises** : Suivez les entreprises qui vous intéressent pour être informé de leurs offres d'emploi et actualités.
- **Alertes emploi** : Activez les alertes pour recevoir des notifications lorsque des offres correspondant à vos critères sont publiées.

2.2.3. Réseau et recommandations

- **Se connecter avec des professionnels** : Ajoutez des contacts pertinents dans votre domaine, participez à des groupes et à des discussions.
- **Recommandations** : Demandez des recommandations à vos anciens collègues ou supérieurs pour renforcer votre profil.

2.2.4. Postuler directement via LinkedIn

- **Candidature simplifiée** : Utilisez la fonctionnalité "Postuler via LinkedIn" pour envoyer rapidement votre candidature.
- **Messages aux recruteurs** : Contactez directement les recruteurs pour exprimer votre intérêt pour un poste et poser des questions.

Comment optimiser votre profil LinkedIn

Avoir un profil LinkedIn bien optimisé est crucial pour attirer l'attention des recruteurs et des employeurs. Voici les étapes clés pour optimiser votre profil LinkedIn :

2.2.5. Photo de profil et bannière

- **Photo de profil** : Choisissez une photo professionnelle, souriante et de bonne qualité.
- **Bannière** : Utilisez une image de bannière qui reflète votre domaine d'activité ou votre personnalité professionnelle.

2.2.6. Titre et résumé

- **Titre professionnel** : Utilisez un titre clair et précis, incluant des mots-clés pertinents pour votre secteur.
- **Résumé** : Rédigez un résumé attractif qui met en avant vos compétences, vos réalisations et vos objectifs professionnels. Utilisez des mots-clés pour améliorer votre visibilité dans les recherches.

2.2.7. Expérience professionnelle

- **Détails des postes** : Décrivez vos responsabilités et réalisations pour chaque poste occupé. Utilisez des chiffres et des exemples concrets pour illustrer vos succès.
- **Mots-clés** : Intégrez des mots-clés pertinents dans les descriptions de vos postes pour améliorer votre référencement.

2.2.8. Compétences et recommandations

- **Compétences** : Ajoutez les compétences les plus pertinentes pour votre secteur. Demandez à vos contacts de valider ces compétences.

- **Recommandations** : Sollicitez des recommandations de vos anciens collègues, supérieurs ou clients pour renforcer votre crédibilité.

2.2.9. Formation et certifications

- **Formations** : Indiquez les diplômes obtenus et les établissements fréquentés.
- **Certifications** : Mentionnez les certifications professionnelles pertinentes pour votre domaine.

2.2.10. Publications et projets

- **Publications** : Partagez vos articles, recherches ou contributions professionnelles.
- **Projets** : Ajoutez des projets auxquels vous avez participé, en détaillant votre rôle et les résultats obtenus.

2.2.11. Activité sur LinkedIn

- **Interagir avec votre réseau** : Aimez, commentez et partagez des publications pertinentes pour montrer votre engagement et augmenter votre visibilité.
- **Publier du contenu** : Partagez des articles, des réflexions ou des actualités de votre secteur pour démontrer votre expertise et votre intérêt pour votre domaine professionnel.

2.2.12. Suivi et analyse

- **Statistiques de profil** : Consultez les statistiques de votre profil pour voir qui a consulté votre profil et quelles sont vos connexions.
- **Amélioration continue** : Mettez régulièrement à jour votre profil en fonction de vos nouvelles expériences, compétences et réalisations.

En suivant ces conseils, vous pouvez maximiser l'impact de votre présence sur LinkedIn et augmenter vos chances de trouver des opportunités professionnelles qui correspondent à vos aspirations et à vos compétences. Un profil LinkedIn bien optimisé peut faire la différence et vous aider à vous démarquer dans le monde professionnel.

2.3. Agences de recrutement et cabinets de chasse

Quand et pourquoi les utiliser

Les agences de recrutement et les cabinets de chasse de têtes jouent un rôle crucial dans le marché de l'emploi, notamment pour les postes de niveau intermédiaire à supérieur. Voici quand et pourquoi vous devriez envisager de les utiliser :

2.3.1. Quand utiliser les agences de recrutement et les cabinets de chasse

- **Postes spécifiques ou de haut niveau** : Pour des postes très spécialisés ou de haute responsabilité, les entreprises font souvent appel à ces professionnels pour trouver les candidats les plus qualifiés.
- **Accès à des opportunités cachées** : De nombreuses offres d'emploi ne sont pas publiées sur les plateformes traditionnelles et sont uniquement disponibles via des agences ou des cabinets de chasse.
- **Recherche active et ciblée** : Si vous cherchez activement un emploi et souhaitez bénéficier de conseils personnalisés et d'un suivi régulier.
- **Changement de carrière** : Si vous envisagez de changer de secteur ou de fonction, ces professionnels peuvent vous aider à identifier les opportunités et à repositionner votre profil.
- **Manque de temps** : Si vous êtes actuellement en poste et n'avez pas le temps de chercher un nouvel emploi, les recruteurs peuvent s'en charger pour vous.

2.3.2. Pourquoi utiliser les agences de recrutement et les cabinets de chasse

- **Expertise du marché** : Ces professionnels possèdent une connaissance approfondie du marché de l'emploi, des tendances et des besoins des entreprises.

- **Accès à un réseau étendu** : Les agences et cabinets disposent d'un vaste réseau de contacts dans diverses entreprises, ce qui augmente vos chances de trouver une opportunité adaptée.
- **Préparation et conseils** : Ils offrent des services de coaching pour les entretiens, des conseils sur la rédaction de CV et de lettres de motivation, et des astuces pour améliorer votre visibilité.
- **Gain de temps** : En déléguant votre recherche d'emploi à des experts, vous économisez du temps et pouvez vous concentrer sur d'autres aspects de votre vie professionnelle et personnelle.
- **Négociation de salaire** : Les recruteurs peuvent négocier des conditions salariales et des avantages plus favorables en votre nom.

Liste des principales agences en France

Voici une liste des principales agences de recrutement et cabinets de chasse en France, reconnues pour leur expertise et leur efficacité :

2.3.3. Michael Page

- **Description** : Spécialisé dans le recrutement de cadres et de professionnels qualifiés dans divers secteurs tels que la finance, les ressources humaines, la santé, et plus encore.
- **Avantages** : Réseau étendu, expertise sectorielle, processus de recrutement structuré.

2.3.4. Robert Half

- **Description** : Leader mondial dans le recrutement spécialisé dans les domaines de la finance, de la comptabilité, du management et des technologies.
- **Avantages** : Connaissance approfondie des marchés locaux et internationaux, accompagnement personnalisé.

2.3.5. Hays
- **Description** : Agence de recrutement internationale avec une forte présence en France, spécialisée dans des secteurs comme la construction, l'ingénierie, l'informatique et la santé.
- **Avantages** : Large base de données de candidats et d'entreprises, expertise locale.

2.3.6. Adecco
- **Description** : Leader mondial des solutions en ressources humaines, proposant des services de recrutement temporaire et permanent dans divers secteurs.
- **Avantages** : Large éventail d'opportunités, solutions de formation et de développement des compétences.

2.3.7. Manpower
- **Description** : Spécialisé dans le recrutement temporaire et permanent, couvrant une variété de secteurs, de l'industrie à la finance en passant par les services.
- **Avantages** : Réseau national, solutions RH intégrées, accompagnement des candidats.

2.3.8. Randstad
- **Description** : Propose des solutions en ressources humaines, du recrutement temporaire et permanent à la gestion de carrières et de talents.
- **Avantages** : Expertise en RH, réseau global, services personnalisés.

2.3.9. Korn Ferry
- **Description** : Cabinet de conseil en gestion des talents et en recrutement de cadres dirigeants, reconnu pour ses services haut de gamme.
- **Avantages** : Expertise en leadership, réseau international, solutions stratégiques.

2.3.10. Page Personnel
- **Description** : Filiale de Michael Page, spécialisée dans

le recrutement des professionnels juniors et des cadres intermédiaires.
- **Avantages** : Focus sur les jeunes talents, processus de recrutement rapide, expertise sectorielle.

2.3.11. Hudson
- **Description** : Cabinet de recrutement et de conseil en ressources humaines, spécialisé dans l'évaluation des talents et le recrutement de cadres.
- **Avantages** : Outils d'évaluation avancés, approche centrée sur les compétences, réseau étendu.

2.3.12. Egon Zehnder
- **Description** : Cabinet de chasse de têtes international, spécialisé dans le recrutement de cadres dirigeants et de conseils en leadership.
- **Avantages** : Réputation mondiale, expertise en leadership, approche personnalisée.

En collaborant avec ces agences et cabinets de recrutement, vous pouvez bénéficier d'un soutien précieux dans votre recherche d'emploi et augmenter vos chances de trouver une position qui correspond parfaitement à vos compétences et à vos aspirations professionnelles.

CHAPITRE 3 : STRATÉGIES DE CANDIDATURE SPONTANÉE

3.1. Identifier les entreprises cibles

Comment choisir les entreprises

Identifier les entreprises cibles est une étape cruciale dans la recherche d'emploi. Choisir les bonnes entreprises permet non seulement de maximiser vos chances de trouver un emploi satisfaisant, mais aussi de vous assurer que l'environnement de travail et la culture de l'entreprise correspondent à vos valeurs et à vos aspirations professionnelles. Voici quelques étapes pour bien choisir les entreprises :

3.1.1. Définir vos critères de sélection

- **Secteur d'activité** : Identifiez les secteurs qui vous intéressent le plus. Cela peut inclure des industries spécifiques comme la technologie, la finance, la santé, etc.
- **Taille de l'entreprise** : Réfléchissez à la taille de l'entreprise qui vous convient. Préférez-vous travailler dans une petite start-up dynamique, une PME ou une grande entreprise bien établie ?
- **Localisation** : Choisissez une zone géographique où vous souhaitez travailler. Cela peut être une ville, une région ou même un pays spécifique.
- **Valeurs et culture d'entreprise** : Recherchez des entreprises dont les valeurs et la culture d'entreprise correspondent aux vôtres. Cela inclut des aspects comme l'équilibre travail-vie personnelle, les opportunités de développement professionnel, l'engagement envers la responsabilité sociale, etc.

- **Perspectives de carrière** : Évaluez les opportunités de croissance et de développement au sein de l'entreprise. Recherchez des entreprises qui investissent dans la formation et le développement de leurs employés.

3.1.2. Analyser votre propre profil

- **Compétences et expériences** : Faites un bilan de vos compétences et de vos expériences professionnelles. Identifiez les domaines dans lesquels vous excellez et ceux que vous souhaitez développer.
- **Objectifs de carrière** : Clarifiez vos objectifs de carrière à court et à long terme. Cela vous aidera à cibler des entreprises qui peuvent vous offrir des opportunités en adéquation avec vos aspirations.

Recherche d'informations sur les entreprises

Une fois que vous avez défini vos critères de sélection, la prochaine étape consiste à recueillir des informations détaillées sur les entreprises cibles. Voici comment procéder :

3.1.3. Utiliser les ressources en ligne

- **Sites web des entreprises** : Consultez les sites web officiels des entreprises pour obtenir des informations sur leurs produits, services, mission, vision et valeurs. La section "À propos" ou "Carrières" est souvent riche en informations.
- **Réseaux sociaux professionnels** : LinkedIn est une ressource précieuse pour obtenir des informations sur les entreprises. Suivez les pages des entreprises, lisez les publications et consultez les profils des employés pour avoir une idée de la culture d'entreprise et des opportunités disponibles.
- **Sites d'avis d'employés** : Des plateformes comme Glassdoor ou Indeed permettent de consulter des avis d'employés actuels et anciens sur les entreprises. Vous pouvez y trouver des informations sur l'ambiance de travail, la gestion, les salaires et les avantages.

- **Presse et actualités** : Recherchez des articles de presse et des actualités sur les entreprises pour connaître leurs dernières réalisations, projets et innovations.

3.1.4. Réseautage

- **Contacts professionnels** : Utilisez votre réseau professionnel pour obtenir des informations de première main sur les entreprises qui vous intéressent. Parlez à des personnes qui y travaillent ou qui ont des connaissances dans ces entreprises.
- **Événements et salons professionnels** : Participez à des événements, salons et conférences liés à votre secteur d'activité. Ces occasions sont idéales pour rencontrer des représentants d'entreprises et obtenir des informations directes.
- **Groupes et associations professionnelles** : Rejoignez des groupes ou des associations professionnelles pour élargir votre réseau et échanger avec des professionnels de votre domaine.

3.1.5. Analyse des opportunités

- **Offres d'emploi** : Étudiez les offres d'emploi publiées par les entreprises pour comprendre les compétences et les qualifications qu'elles recherchent. Cela vous permettra de mieux adapter votre candidature et de cibler les entreprises qui ont des besoins correspondant à votre profil.
- **Projets et initiatives** : Identifiez les projets et les initiatives dans lesquels les entreprises sont impliquées. Cela peut inclure des projets innovants, des programmes de développement durable ou des partenariats stratégiques.

En suivant ces étapes, vous serez en mesure d'identifier et de cibler les entreprises qui correspondent le mieux à vos compétences, vos valeurs et vos aspirations professionnelles. Une recherche approfondie et ciblée augmentera vos chances de trouver un emploi satisfaisant et épanouissant

3.2. Envoyer des candidatures spontanées

Exemples de candidatures spontanées réussies

Les candidatures spontanées sont une stratégie efficace pour se positionner auprès des entreprises qui ne publient pas d'offres d'emploi mais qui pourraient avoir des besoins correspondant à votre profil. Voici des exemples de candidatures spontanées réussies :

3.2.1. Structure d'une candidature spontanée

Une candidature spontanée doit être soigneusement préparée et personnalisée pour chaque entreprise visée. Voici la structure typique d'une candidature spontanée :

- **En-tête** : Indiquez vos coordonnées (nom, prénom, adresse, numéro de téléphone, adresse e-mail).
- **Objet du message** : Soyez précis et indiquez clairement qu'il s'agit d'une candidature spontanée pour un type de poste ou un secteur spécifique.
- **Introduction** : Présentez-vous brièvement et expliquez pourquoi vous souhaitez rejoindre cette entreprise en particulier.
- **Corps de la lettre** : Mettez en avant vos compétences, expériences pertinentes et réalisations. Faites le lien entre vos compétences et les besoins potentiels de l'entreprise.
- **Conclusion** : Exprimez votre motivation à contribuer au développement de l'entreprise et votre disponibilité pour une rencontre afin de discuter plus en détail de votre candidature.
- **Formule de politesse** : Terminez par une formule de politesse (par exemple, "Je vous prie d'agréer, Madame/Monsieur, l'expression de mes salutations distinguées").
- **Signature** : Signez électroniquement votre lettre si elle

est envoyée par e-mail.

Exemple de candidature spontanée :

Objet : Candidature spontanée pour un poste de Chef de Projet

Madame, Monsieur,

Je vous contacte aujourd'hui pour vous faire part de mon intérêt à rejoindre votre entreprise renommée dans le domaine de la gestion de projets innovants. Fort de X années d'expérience dans la gestion de projets complexes chez [Nom de votre entreprise actuelle ou précédente], je suis convaincu que mes compétences en planification stratégique, gestion d'équipe et optimisation des processus pourraient être d'une grande valeur ajoutée pour votre équipe.

Au cours de mon parcours professionnel, j'ai eu l'opportunité de diriger avec succès plusieurs projets majeurs, notamment [donnez un exemple concret et quantifiable de votre réussite]. Ma capacité à m'adapter rapidement aux nouveaux environnements et à résoudre efficacement les défis opérationnels me permettent de contribuer positivement à la réalisation des objectifs stratégiques de votre entreprise.

Je suis très motivé(e) par la perspective de rejoindre une équipe dynamique comme la vôtre et de participer activement à votre croissance continue. Je suis disponible pour une rencontre afin de discuter plus en détail de ma candidature et de voir comment je pourrais contribuer à vos projets futurs.

Je vous remercie par avance pour l'attention que vous porterez à ma candidature. Dans l'attente de votre réponse, je vous prie d'agréer, Madame, Monsieur, l'expression de mes salutations distinguées.

[Nom Prénom]

3.2.2. Suivi et relance après l'envoi

Après avoir envoyé votre candidature spontanée, il est important de suivre attentivement le processus pour maximiser vos chances d'obtenir une réponse favorable :

- **Attendez une période raisonnable** : Laissez suffisamment de temps à l'entreprise pour examiner votre candidature (environ deux semaines).

- **Relancez poliment** : Si vous n'avez pas de nouvelles après cette période, envoyez un e-mail de relance pour demander si votre candidature a bien été reçue et exprimer votre intérêt renouvelé pour le poste.
- **Montrez votre motivation** : Indiquez que vous êtes disponible pour toute information supplémentaire ou pour une rencontre éventuelle.
- **Restez professionnel** : Soyez courtois et respectueux dans votre relance, même si vous ne recevez pas de réponse immédiate.

Exemple de relance :

Objet : Suivi de ma candidature spontanée pour un poste de Chef de Projet

Madame, Monsieur,

Je me permets de vous relancer suite à ma candidature spontanée envoyée le [date d'envoi]. Je souhaite simplement m'assurer que ma candidature a bien été reçue et je reste très intéressé(e) par l'opportunité de rejoindre votre équipe dynamique en tant que Chef de Projet.

Je reste à votre disposition pour toute information complémentaire dont vous pourriez avoir besoin ou pour convenir d'un rendez-vous qui vous conviendrait. Dans l'attente de votre retour, je vous prie d'agréer, Madame, Monsieur, l'expression de mes salutations distinguées.

[Nom Prénom]

En suivant ces conseils et en personnalisant votre approche pour chaque entreprise, vous augmentez significativement vos chances d'attirer l'attention des recruteurs et de décrocher un entretien pour un poste qui correspond à vos compétences et à vos aspirations professionnelles.

CHAPITRE 4 : RÉSEAU PERSONNEL ET PROFESSIONNEL

4.1. Importance du réseau

Pourquoi le réseautage est crucial

Le réseautage joue un rôle essentiel dans le développement d'une carrière professionnelle réussie. Voici pourquoi il est crucial :

4.1.1. Opportunités professionnelles

- **Accès aux offres cachées** : Une grande partie des opportunités d'emploi ne sont pas publiées publiquement mais circulent à travers les réseaux professionnels.
- **Recommandations et références** : Un réseau solide peut vous fournir des recommandations et des références, ce qui renforce votre crédibilité auprès des recruteurs.
- **Partage d'informations** : Vous pouvez obtenir des informations privilégiées sur les tendances du marché, les entreprises qui recrutent et les opportunités émergentes.

4.1.2. Développement professionnel

- **Conseils et mentorat** : Vous pouvez bénéficier des conseils d'experts et trouver des mentors qui peuvent vous guider dans votre parcours professionnel.
- **Échange de compétences** : Le réseautage permet l'échange de connaissances et de compétences avec des professionnels dans votre domaine d'expertise ou dans des domaines connexes.
- **Apprentissage continu** : En interagissant avec des per-

sonnes ayant des parcours diversifiés, vous pouvez continuellement apprendre et vous développer professionnellement.

4.1.3. Visibilité et branding personnel

- **Renforcement de votre marque personnelle** : Un réseau étendu vous aide à vous positionner comme un expert dans votre domaine en partageant vos idées et vos réalisations.
- **Opportunités de collaboration** : Vous pouvez trouver des partenaires pour des projets collaboratifs, ce qui peut enrichir votre expérience professionnelle.

Comment élargir et entretenir votre réseau

Pour élargir et entretenir efficacement votre réseau professionnel, suivez ces stratégies :

4.1.4. Utilisation des plateformes de réseautage social

- **LinkedIn** : Créez un profil professionnel complet, rejoignez des groupes pertinents, participez à des discussions et partagez des contenus pour renforcer votre présence en ligne.
- **Réseaux d'affaires** : Participez à des événements de réseautage, des conférences et des salons professionnels pour rencontrer des contacts potentiels en personne.

4.1.5. Engagement proactif

- **Initiez des conversations** : Soyez proactif en établissant des contacts et en initiant des conversations avec des professionnels influents de votre secteur.
- **Offrez votre aide** : Soyez prêt à aider les autres en partageant vos connaissances et en offrant votre soutien lorsque cela est possible.

4.1.6. Entretien des relations

- **Suivi régulier** : Restez en contact régulier avec vos contacts en leur envoyant des articles pertinents, en félicitant pour les réussites professionnelles ou en prenant

des nouvelles de temps en temps.
- **Rencontres en personne** : Organisez des rencontres en personne pour renforcer les relations et discuter des opportunités de collaboration.

4.1.7. Participation à des groupes et associations professionnelles

- **Adhésion à des associations** : Rejoignez des groupes professionnels locaux ou nationaux dans votre domaine d'activité pour élargir votre réseau et participer à des événements exclusifs.
- **Engagement actif** : Impliquez-vous dans les activités des associations en prenant des responsabilités de bénévolat ou en participant à des comités.

En investissant du temps et de l'effort dans le réseautage professionnel, vous pouvez non seulement enrichir votre carrière mais aussi créer des relations durables qui vous soutiendront tout au long de votre parcours professionnel. Un réseau solide peut ouvrir des portes insoupçonnées et vous aider à atteindre vos objectifs professionnels à long terme.

4.2. Participer à des événements professionnels

Les événements professionnels tels que les foires à l'emploi, les salons professionnels et les meetups sont des occasions précieuses pour élargir votre réseau, découvrir des opportunités d'emploi et développer vos compétences professionnelles. Voici comment se préparer et en tirer le meilleur parti :

Foires à l'emploi, salons professionnels, meetups

4.2.1. Foires à l'emploi et salons professionnels

- **Objectifs** : Avant de participer à une foire à l'emploi ou à un salon professionnel, définissez vos objectifs clairement. Que souhaitez-vous obtenir de cet événement : un emploi, un stage, un réseau élargi, des informations sur les entreprises ?
- **Préparation du CV et de la lettre de motivation** : Assurez-vous que votre CV et votre lettre de motivation sont à jour et adaptés aux entreprises que vous souhaitez rencontrer lors de l'événement.
- **Recherche préalable** : Identifiez les entreprises participantes qui vous intéressent. Renseignez-vous sur leurs activités, leurs offres d'emploi disponibles et leurs valeurs d'entreprise.
- **Tenue professionnelle** : Habillez-vous de manière professionnelle et appropriée pour l'occasion. Une bonne première impression est cruciale lors des rencontres en personne.
- **Élevateur professionnel** : Préparez un discours succinct et convaincant (élevateur professionnel) pour vous présenter rapidement aux recruteurs et aux représentants des entreprises.
- **Réseautage actif** : Approchez-vous des stands des entreprises ciblées, engagez des conversations avec les

représentants et posez des questions pertinentes sur les opportunités d'emploi et la culture de l'entreprise.
- **Collecte de contacts** : Échangez des cartes de visite avec les personnes que vous rencontrez. Notez les détails importants sur les conversations et les suivis nécessaires.

4.2.2. Meetups et événements de réseautage

- **Choix des événements** : Sélectionnez des meetups ou des événements de réseautage pertinents pour votre domaine d'activité ou vos intérêts professionnels.
- **Objectifs spécifiques** : Déterminez ce que vous espérez accomplir en participant à cet événement. Par exemple, rencontrer des experts du secteur, échanger des idées avec des pairs, ou trouver de nouvelles opportunités de collaboration.
- **Préparation avant l'événement** : Informez-vous sur les intervenants et les sujets qui seront abordés. Préparez des questions pertinentes pour engager des discussions constructives.
- **Participation active** : Soyez actif pendant l'événement en participant aux discussions, en posant des questions aux intervenants et en contribuant aux conversations.
- **Suivi après l'événement** : Connectez-vous avec les personnes que vous avez rencontrées sur LinkedIn ou par e-mail. Envoyez-leur un petit mot pour remercier la conversation et exprimer votre intérêt à rester en contact.

Comment se préparer et en tirer le meilleur parti

4.2.3. Conseils pour tirer le meilleur parti des événements professionnels

- **Fixez des objectifs clairs** : Avant l'événement, identifiez ce que vous souhaitez accomplir (par exemple, rencontrer X entreprises, obtenir des informations sur les opportunités d'emploi, élargir votre réseau professionnel).
- **Préparez-vous adéquatement** : Révisez votre CV, préparez votre discours d'ascenseur et assurez-vous d'être

prêt à répondre aux questions sur votre parcours et vos compétences.
- **Soyez proactif** : Initiez les conversations avec les participants et les exposants. Ne soyez pas timide pour poser des questions et montrer votre intérêt pour les opportunités disponibles.
- **Écoutez activement** : Écoutez attentivement les conseils des experts et les informations sur les entreprises. Cela vous aidera à mieux comprendre les attentes du marché du travail et les tendances de l'industrie.
- **Collectez des informations** : Prenez des notes sur les personnes que vous rencontrez et les conversations que vous avez eues. Cela vous aidera à vous souvenir des détails importants et à personnaliser vos suivis.
- **Suivi post-événement** : Envoyez des courriels de remerciement aux personnes que vous avez rencontrées pour renforcer les relations. Profitez-en également pour exprimer votre intérêt à explorer davantage les opportunités discutées.

En participant activement à des événements professionnels, vous pouvez non seulement élargir votre réseau professionnel mais aussi découvrir de nouvelles opportunités de carrière et améliorer votre visibilité dans votre domaine d'expertise. Ces occasions sont des investissements précieux dans votre développement professionnel à long terme.

CHAPITRE 5 : PRÉPARATION AUX ENTRETIENS

5.1. Types d'entretiens

Les entretiens d'embauche peuvent prendre différentes formes, telles que les entretiens téléphoniques, en face-à-face et par vidéo. Chacun de ces types d'entretiens a ses particularités en termes de préparation et de déroulement.

Entretien téléphonique

Caractéristiques :

- **Objectif** : Évaluer la première impression et déterminer si vous êtes un candidat potentiel.
- **Durée** : Généralement court, environ 15 à 30 minutes.
- **Interaction** : Communication uniquement vocale.
- **Utilisation** : Souvent utilisé comme première étape pour filtrer les candidats avant les entretiens en personne.

Préparation :

- **Environnement calme** : Choisissez un endroit calme pour minimiser les distractions.
- **Documentation** : Ayez une copie de votre CV, de la description du poste et de notes sur l'entreprise à portée de main.
- **Énergie et voix claire** : Parlez avec énergie et clarté pour transmettre un message positif et professionnel.

Entretien en face-à-face

Caractéristiques :

- **Objectif** : Évaluer vos compétences techniques et comportementales en profondeur.

- **Durée** : Généralement d'une à plusieurs heures.
- **Interaction** : Contact direct avec les recruteurs et échange de regards.
- **Utilisation** : Étape cruciale pour évaluer votre adéquation culturelle et technique avec l'entreprise.

Préparation :

- **Recherche approfondie** : Informez-vous sur l'entreprise, ses projets récents et sa culture d'entreprise.
- **Répétition des réponses** : Préparez-vous à répondre aux questions courantes sur vos compétences, expériences et motivations.
- **Présentation professionnelle** : Habillez-vous de manière appropriée et apportez des exemplaires de votre CV et de toute documentation pertinente.

Entretien par vidéo

Caractéristiques :

- **Objectif** : Évaluer vos compétences tout en simulant un entretien en face-à-face à distance.
- **Durée** : Variable, mais généralement similaire à un entretien en face-à-face.
- **Interaction** : Communication visuelle via une plateforme de vidéoconférence.
- **Utilisation** : De plus en plus courant en raison de la mondialisation et du télétravail.

Préparation :

- **Technologie** : Vérifiez votre connexion internet, votre microphone et votre webcam avant l'entretien.
- **Environnement** : Choisissez un endroit bien éclairé et professionnel avec un arrière-plan neutre.
- **Contact visuel** : Regardez la caméra pour maintenir un

contact visuel avec les recruteurs, similaire à un entretien en face-à-face.

Chaque type d'entretien nécessite une préparation spécifique pour maximiser vos chances de succès. En comprenant les nuances de chaque format et en vous y préparant adéquatement, vous pouvez démontrer votre meilleur potentiel et impressionner les recruteurs avec votre professionnalisme et votre préparation

5.2. Questions courantes et comment y répondre

Les entretiens d'embauche comportent souvent des questions classiques conçues pour évaluer vos compétences, votre expérience et votre adéquation culturelle avec l'entreprise. Voici comment vous pouvez préparer et répondre à quelques-unes de ces questions :

Questions classiques et exemples de réponses

1. Parlez-moi de vous.

Cette question ouvre souvent l'entretien et permet aux recruteurs de mieux vous connaître sur le plan professionnel et personnel.

Exemple de réponse : "Je suis [Votre nom], diplômé(e) en [Votre domaine] avec une expérience de X années dans [Votre domaine d'expertise]. J'ai travaillé chez [Nom de votre entreprise précédente] où j'ai acquis des compétences solides en [Compétence pertinente]. Actuellement, je cherche à élargir mes horizons et à contribuer à une équipe dynamique comme la vôtre."

2. Quels sont vos points forts et vos points faibles ?

Cette question évalue votre capacité à réfléchir sur vous-même et à être conscient de vos compétences et domaines à améliorer.

Exemple de réponse : "Mes points forts incluent ma capacité à gérer efficacement les délais et à travailler sous pression, ainsi que ma forte orientation vers les résultats. En ce qui concerne mes points faibles, je travaille continuellement sur ma capacité à déléguer efficacement les tâches pour maximiser la productivité de l'équipe."

3. Pourquoi voulez-vous travailler pour notre entreprise ?

Cette question montre votre intérêt pour l'entreprise et votre capacité à vous aligner sur ses valeurs et ses objectifs.

Exemple de réponse : "Je suis passionné(e) par [Domaine spécifique de l'entreprise] et je suis impressionné(e) par les projets innovants que votre entreprise mène actuellement, en particulier [Nommez un projet spécifique]. Je suis convaincu(e) que mes compétences en [Votre domaine d'expertise] peuvent contribuer positivement à vos initiatives et je suis enthousiaste à l'idée de faire partie d'une équipe aussi dynamique."

4. Parlez d'un défi que vous avez rencontré dans votre précédent emploi et comment vous l'avez surmonté.

Cette question évalue votre capacité à gérer les défis professionnels et à trouver des solutions efficaces.

Exemple de réponse : "Dans mon rôle précédent chez [Nom de l'entreprise], j'ai été confronté(e) à un défi majeur lors de la mise en œuvre d'un nouveau système de gestion des stocks. Nous avons rencontré des problèmes de compatibilité avec les systèmes existants, ce qui a entraîné des retards importants. Pour résoudre ce problème, j'ai collaboré étroitement avec l'équipe technique et les parties prenantes pour identifier les problèmes, mettre en œuvre des solutions temporaires et ajuster notre plan de mise en œuvre pour respecter les délais initiaux."

5. Où vous voyez-vous dans cinq ans ?

Cette question évalue votre vision à long terme et votre ambition professionnelle.

Exemple de réponse : "Dans cinq ans, je vois ma carrière évoluer dans [Votre domaine d'activité]. J'aspire à occuper un rôle de leadership où je pourrai influencer les stratégies de développement et contribuer à l'innovation au sein de l'entreprise. Je suis passionné(e) par l'apprentissage continu et je prévois de continuer à développer mes compétences en [Domaine spécifique] pour atteindre ces objectifs."

Conseils pour répondre aux questions :

- **Soyez spécifique et pertinent** : Utilisez des exemples concrets pour illustrer vos compétences et expériences.
- **Soyez honnête et authentique** : Ne craignez pas de mentionner vos domaines d'amélioration, mais assurez-vous de souligner comment vous travaillez pour les surmonter.

- **Pratiquez vos réponses** : Répétez vos réponses à haute voix pour améliorer votre fluidité et votre confiance.

En vous préparant soigneusement à ces questions courantes et en adaptant vos réponses à chaque entretien spécifique, vous augmenterez vos chances de réussir et de laisser une impression positive sur les recruteurs.

5.3. Suivi post-entretien

Après avoir passé un entretien d'embauche, il est essentiel de suivre avec une relance appropriée pour exprimer votre intérêt pour le poste et renforcer votre candidature. Voici comment et quand relancer, ainsi qu'un exemple de courriel de remerciement :

Comment et quand relancer

1. Timing de la relance :

- **Après l'entretien :** Envoyez un courriel de remerciement dans les 24 heures suivant l'entretien pour exprimer votre gratitude et rappeler votre intérêt.
- **Après la période spécifiée :** Si aucune réponse n'est reçue après la période de suivi habituelle (généralement une à deux semaines), vous pouvez relancer pour demander un état d'avancement.

2. Comment relancer :

- **Courriel professionnel :** Envoyez un courriel succinct et professionnel.
- **Sujet clair :** Utilisez un sujet clair tel que "Suivi après notre entretien".
- **Contenu du courriel :** Réaffirmez votre intérêt pour le poste, remerciez à nouveau l'intervieweur pour leur temps et posez une question spécifique sur l'état du processus de recrutement.

Exemple de courriel de remerciement

Objet : Suivi après notre entretien

Madame, Monsieur,

Je tiens à vous remercier sincèrement pour l'opportunité d'avoir discuté avec vous lors de l'entretien pour le poste de [Poste pour lequel vous avez postulé] chez [Nom de l'entreprise]. J'ai été impressionné(e) par [mentionnez un aspect spécifique de l'entreprise ou de l'entretien qui vous a intéressé ou que vous avez apprécié].

Je suis très enthousiaste à l'idée de pouvoir contribuer à votre équipe dynamique et apporter mes compétences en [Votre domaine d'expertise] pour soutenir les objectifs de [Nom de l'entreprise].

Je souhaitais également savoir si vous aviez une estimation du calendrier pour la suite du processus de recrutement. Je reste à votre disposition pour toute information supplémentaire que vous pourriez avoir besoin.

Je vous remercie encore une fois pour votre considération. Dans l'attente de votre réponse, je vous prie d'agréer, Madame, Monsieur, l'expression de mes salutations distinguées.

[Nom Prénom] [Coordonnées]

En envoyant un courriel de remerciement réfléchi et en relançant de manière appropriée, vous montrez votre professionnalisme, votre intérêt pour le poste et votre motivation à rejoindre l'entreprise. Cela peut faire la différence dans la perception des recruteurs et augmenter vos chances de succès dans le processus de recrutement.

CHAPITRE 6 : DÉVELOPPEMENT DES COMPÉTENCES

6.1. Identifier vos besoins en formation

Pour réussir dans votre carrière professionnelle, il est crucial d'identifier et de combler vos besoins en formation. Voici comment faire un bilan de compétences et découvrir les formations les plus demandées par les employeurs :

Faire un bilan de compétences

1. Évaluation des compétences actuelles :
- **Auto-évaluation** : Passez en revue vos compétences actuelles, y compris vos connaissances techniques, vos compétences interpersonnelles et vos aptitudes professionnelles.
- **Feedback externe** : Sollicitez des retours d'employeurs précédents, de collègues ou de mentors sur vos points forts et vos domaines à améliorer.

2. Identification des lacunes :
- **Analyse du marché du travail** : Recherchez les compétences les plus demandées dans votre domaine d'activité ou le secteur dans lequel vous souhaitez évoluer.
- **Comparaison** : Comparez vos compétences actuelles avec les exigences des postes auxquels vous aspirez pour identifier les lacunes potentielles.

3. Objectifs de développement :
- **Définir des objectifs clairs** : Établissez des objectifs spécifiques pour renforcer vos compétences et améliorer

votre employabilité.
- **Plan de développement personnel :** Créez un plan d'action détaillé pour acquérir les compétences nécessaires à l'aide de formations, de mentorat ou d'expériences professionnelles.

Les formations les plus demandées par les employeurs

1. Compétences techniques :
- **Technologies de l'information et de la communication (TIC) :** Compétences en programmation, développement web, gestion de bases de données, cybersécurité.
- **Data science et intelligence artificielle :** Analyse de données, machine learning, big data.
- **Compétences numériques :** Maîtrise des logiciels spécifiques à votre domaine (par exemple, Adobe Suite pour le graphisme, Salesforce pour le CRM).

2. Compétences transversales :
- **Leadership et gestion de projet :** Capacité à diriger une équipe, gérer les délais et les ressources.
- **Communication efficace :** Compétences en communication écrite et orale, y compris la présentation et la négociation.
- **Gestion du temps et résolution de problèmes :** Capacité à hiérarchiser les tâches, gérer les urgences et résoudre efficacement les problèmes.

3. Adaptation aux nouvelles technologies et aux tendances du marché :
- **Formation continue :** Restez à jour avec les évolutions technologiques et les nouvelles méthodologies dans votre domaine.
- **Certifications professionnelles :** Obtenez des certifi-

cations reconnues qui démontrent votre expertise et votre engagement envers le développement professionnel continu.

En identifiant vos besoins en formation à travers un bilan de compétences approfondi et en ciblant les formations les plus pertinentes et demandées par les employeurs, vous augmentez votre attractivité sur le marché du travail et renforcez votre capacité à progresser dans votre carrière. Investir dans votre développement professionnel est une stratégie essentielle pour atteindre vos objectifs professionnels à long terme.

6.2. Ressources pour se former

Pour se former efficacement et répondre aux exigences du marché du travail, plusieurs ressources sont disponibles, notamment des cours en ligne gratuits et payants ainsi que des centres de formation en France :

Cours en ligne gratuits et payants (MOOCs, certifications)

1. MOOCs (Massive Open Online Courses) :

- **Plateformes populaires :** Des plateformes comme Coursera, edX, Udemy et Fun-MOOC proposent une large gamme de cours gratuits et payants couvrant divers domaines, des technologies de l'information à la gestion de projet en passant par le marketing digital.
- **Avantages :** Accessibilité à un large éventail de sujets, flexibilité temporelle, et souvent possibilité d'obtenir une certification à la fin du cours.
- **Exemple :** Un cours de Python pour les débutants sur Coursera peut être un bon point de départ pour ceux qui souhaitent développer leurs compétences en programmation.

2. Certifications en ligne :

- **Certifications professionnelles :** Offertes par des institutions renommées et des organismes de certification, elles valident vos compétences dans des domaines spécifiques tels que la gestion de projet (PMP), la cybersécurité (CISSP), ou le marketing digital (Google Analytics).
- **Avantages :** Reconnaissance professionnelle, augmentation de la crédibilité et compétitivité sur le marché du travail.
- **Exemple :** La certification Google Ads peut être pertinente pour ceux cherchant à développer leurs compétences en marketing digital.

Centres de formation en France

1. **Organismes publics :**
   - **Pôle Emploi :** Propose des formations financées par le gouvernement français, adaptées aux demandeurs d'emploi pour les aider à acquérir de nouvelles compétences et à retrouver un emploi.
   - **AFPA (Association pour la Formation Professionnelle des Adultes) :** Offre une variété de formations professionnelles dans des secteurs tels que l'industrie, les services, et le numérique.
2. **Organismes privés et institutions académiques :**
   - **Grandes écoles et universités :** Nombreuses offrent des formations professionnelles continues, des diplômes et des certificats dans des domaines variés, allant de la gestion d'entreprise à la technologie.
   - **Centres de formation spécialisés :** Tels que Cegos, Demos, proposant des formations sur mesure et adaptées aux besoins spécifiques des entreprises et des individus.

Conseils pour choisir les meilleures ressources :
   - **Définissez vos objectifs :** Identifiez clairement ce que vous souhaitez accomplir grâce à la formation (nouvelles compétences, changement de carrière, promotion, etc.).
   - **Recherchez la qualité :** Vérifiez les avis des anciens étudiants, la réputation de la plateforme ou de l'organisme de formation, ainsi que la reconnaissance de la certification.
   - **Adaptez votre apprentissage :** Choisissez des cours ou des programmes qui correspondent à votre style d'apprentissage et à votre emploi du temps.

En utilisant ces ressources variées et en investissant dans votre développement professionnel continu, vous pouvez améliorer vos compétences, augmenter votre employabilité et atteindre vos objectifs de carrière avec succès.

CHAPITRE 7 : ASPECTS PRATIQUES ET ADMINISTRATIFS

7.1. Droits et devoirs des demandeurs d'emploi

Les demandeurs d'emploi en France ont des droits et des devoirs régis par la législation et les politiques de l'emploi. Voici une exploration détaillée de l'inscription à Pôle Emploi, des allocations et aides disponibles :

Inscription à Pôle Emploi

1. Inscription obligatoire :
- Tout demandeur d'emploi en France doit s'inscrire à Pôle Emploi dès qu'il devient disponible pour travailler.
- L'inscription peut se faire en personne dans les agences locales de Pôle Emploi ou en ligne via le site web officiel.

2. Processus d'inscription :
- Vous devez fournir des informations personnelles telles que votre identité, votre adresse, vos coordonnées et votre situation professionnelle précédente.
- Pôle Emploi vous attribuera un conseiller qui vous accompagnera dans votre recherche d'emploi, vous proposera des formations et des offres d'emploi correspondant à votre profil.

Allocations et aides disponibles

1. Allocation d'aide au retour à l'emploi (ARE) :
- L'ARE est une allocation versée par Pôle Emploi aux demandeurs d'emploi qui remplissent certaines condi-

tions, notamment avoir été salarié et avoir perdu leur emploi involontairement.
- Le montant de l'ARE dépend de votre salaire antérieur et de la durée de votre cotisation au régime d'assurance chômage.

2. **Autres allocations et aides :**
   - **Allocation de solidarité spécifique (ASS) :** Pour les demandeurs d'emploi en fin de droits qui ne bénéficient plus de l'ARE et qui remplissent les conditions de ressources.
   - **Aides à la formation :** Pôle Emploi peut financer tout ou partie des frais de formation pour les demandeurs d'emploi inscrits, afin d'améliorer leurs compétences et leur employabilité.
   - **Aides à la mobilité :** Aides financières pour faciliter la recherche d'emploi loin de votre domicile habituel.

Devoirs des demandeurs d'emploi

1. Recherche active d'emploi :
- Les demandeurs d'emploi sont tenus de rechercher activement un emploi et de répondre aux offres d'emploi proposées par Pôle Emploi.
- Ils doivent actualiser régulièrement leur situation auprès de Pôle Emploi et fournir toutes les informations requises concernant leur recherche d'emploi.

2. Participation aux actions proposées :
- Accepter les propositions de formations, d'ateliers ou de rendez-vous avec son conseiller Pôle Emploi pour optimiser ses chances de retrouver un emploi.
- Respecter les règles et les engagements fixés dans le

cadre de leur projet personnalisé d'accès à l'emploi (PPAE).

En respectant les droits et devoirs établis, les demandeurs d'emploi peuvent bénéficier d'un soutien efficace dans leur recherche d'emploi et dans leur parcours de retour à l'emploi en France. Il est essentiel de rester informé des dernières politiques et aides disponibles pour maximiser ses chances de succès.

7.2. Gestion du temps et de la recherche d'emploi

La gestion efficace du temps est cruciale lors de la recherche d'emploi. Voici comment organiser votre recherche et utiliser des outils de gestion de tâches pour optimiser votre processus :

Organiser votre recherche

1. Établissez un emploi du temps :

- **Définissez des horaires dédiés :** Allouez des plages horaires spécifiques chaque jour pour la recherche d'emploi, en incluant la révision des offres, la candidature aux annonces et le réseautage.
- **Priorisez les tâches :** Classez les tâches en fonction de leur urgence et de leur importance. Concentrez-vous d'abord sur les candidatures les plus pertinentes et les actions qui ont le plus grand potentiel de succès.

2. Créez un plan d'action :

- **Fixez des objectifs spécifiques :** Définissez ce que vous souhaitez accomplir chaque semaine, comme le nombre de candidatures à soumettre, les réseaux à contacter ou les formations à suivre.
- **Utilisez un tableau de bord :** Tenez un tableau de bord ou un journal de bord pour suivre vos progrès, noter les réponses des recruteurs et ajuster votre stratégie si nécessaire.

Utiliser des outils de gestion de tâches

1. Applications de gestion de tâches :

- **Todoist :** Permet de créer des listes de tâches, d'établir des priorités et de définir des rappels pour chaque étape de votre recherche d'emploi.
- **Trello :** Utilisez des tableaux Kanban pour organiser vos activités de recherche d'emploi en colonnes telles que "À

faire", "En cours" et "Terminé".

2. Calendriers et rappels :

- **Google Agenda :** Planifiez vos activités de recherche d'emploi et synchronisez-les avec d'autres outils Google pour une gestion efficace du temps.
- **Rappels sur smartphone :** Utilisez des applications de rappels intégrées à votre smartphone pour ne pas manquer les échéances importantes telles que les dates limites de candidature.

Techniques de gestion du temps

1. Technique Pomodoro :

- **Divisez votre temps en sessions de travail :** Travailler pendant 25 minutes suivis d'une pause de 5 minutes. Répétez ce cycle pour maintenir la concentration et éviter la fatigue.

2. Élimination des distractions :

- **Créez un espace de travail dédié :** Minimisez les interruptions en choisissant un endroit calme et confortable pour votre recherche d'emploi.
- **Utilisez des bloqueurs de distractions :** Des outils comme Focus@Will ou des extensions de navigateur pour bloquer temporairement les sites web non pertinents pendant vos sessions de travail.

En appliquant ces stratégies de gestion du temps et en utilisant efficacement des outils de gestion de tâches, vous pouvez structurer votre recherche d'emploi de manière organisée et productive. Cela vous permettra de maximiser vos chances de succès et de maintenir une motivation élevée tout au long de votre parcours vers un nouvel emploi.

CONCLUSION

La recherche d'emploi est une étape souvent exigeante mais essentielle dans le parcours professionnel de chacun. Cet ebook a été conçu pour vous fournir les outils, les stratégies et les ressources nécessaires pour naviguer avec succès à travers ce processus parfois complexe.

Nous avons exploré ensemble chaque étape, depuis la rédaction d'un CV efficace et d'une lettre de motivation percutante, jusqu'à l'utilisation de plateformes en ligne, de réseaux sociaux professionnels et de stratégies de réseautage. Nous avons également abordé des aspects cruciaux comme la préparation aux entretiens, la gestion du temps et l'identification de vos besoins en formation.

Il est primordial de garder à l'esprit que chaque candidature est une opportunité d'apprentissage et de croissance. En investissant dans votre développement personnel et professionnel, en restant flexible et en adaptant votre stratégie en fonction des feedbacks et des nouvelles opportunités, vous augmentez significativement vos chances de succès.

N'oubliez pas que la persévérance et la préparation sont les clés de la réussite. Continuez à affiner vos compétences, à enrichir votre réseau et à vous tenir informé des tendances du marché du travail. Chaque expérience, positive ou négative, vous rapproche un peu plus de l'opportunité professionnelle idéale.

Enfin, nous vous encourageons à rester motivé(e), à exploiter toutes les ressources disponibles et à garder une attitude positive tout au long de votre parcours. Nous vous souhaitons plein succès dans vos démarches pour trouver l'emploi qui correspond à vos aspirations et à vos compétences.

Bonne chance !

ANNEXE A : MODÈLES DE CV ET LETTRES DE MOTIVATION

Dans cette annexe, vous trouverez des exemples pratiques de modèles de CV et de lettres de motivation pour vous inspirer dans votre recherche d'emploi. Ces modèles sont conçus pour vous aider à structurer efficacement vos documents et à mettre en avant vos compétences et expériences de manière professionnelle.

Modèles de CV

1. **CV chronologique :**
    - Organisé par ordre chronologique inverse, mettant en avant votre expérience professionnelle la plus récente en premier.
2. **CV fonctionnel :**
    - Axé sur vos compétences et réalisations spécifiques, avec moins d'accent sur l'historique chronologique.
3. **CV combiné :**
    - Mélange d'éléments du CV chronologique et fonctionnel, mettant à la fois en avant vos compétences et votre expérience de travail.

Chaque modèle de CV est accompagné d'instructions détaillées sur la manière de le personnaliser en fonction du poste auquel vous postulez et des exigences spécifiques de l'entreprise.

Exemples de lettres de motivation

1. **Lettre de motivation standard :**
    - Modèle classique pour exprimer votre intérêt pour un poste spécifique et mettre en valeur vos qualifications.

2. **Lettre de motivation de candidature spontanée :**
   - Utilisée lorsque vous envoyez une candidature à une entreprise sans qu'une offre d'emploi spécifique soit publiée.
3. **Lettre de motivation de réponse à une annonce :**
   - Adaptée pour répondre aux exigences spécifiques d'une annonce d'emploi et mettre en évidence vos compétences pertinentes.

Chaque exemple de lettre de motivation est accompagné de conseils sur la structure, le contenu et le ton approprié à adopter pour maximiser l'impact de votre candidature.

Utilisation des modèles

Pour utiliser ces modèles efficacement :

- **Personnalisation :** Adaptez chaque modèle à votre parcours professionnel, vos compétences et les exigences du poste visé.
- **Clarté et concision :** Veillez à ce que votre CV et votre lettre de motivation soient clairs, concis et pertinents pour l'employeur potentiel.
- **Mise en forme professionnelle :** Utilisez une mise en page propre et professionnelle, en veillant à la cohérence dans les polices, les marges et les sections.

Ces modèles sont conçus pour vous fournir une base solide dans la création de vos documents de candidature. N'hésitez pas à les utiliser comme point de départ et à les ajuster selon vos besoins spécifiques et votre style personnel.

ANNEXE B : LISTE DES SITES D'EMPLOI ET DES AGENCES DE RECRUTEMENT

Dans cette annexe, vous trouverez une compilation de sites d'emploi en ligne ainsi que des agences de recrutement en France. Ces ressources sont précieuses pour votre recherche d'emploi et peuvent vous aider à explorer une gamme d'opportunités professionnelles dans divers secteurs.

Sites d'emploi en ligne

1. **Pôle Emploi** - La plateforme nationale pour les offres d'emploi en France, offrant une large gamme de postes dans différents secteurs.
2. **Apec (Association pour l'emploi des cadres)** - Spécialisée dans les offres d'emploi pour les cadres et les professions intermédiaires.
3. **Indeed** - Agrège des offres d'emploi provenant de multiples sources, permettant une recherche efficace par mots-clés, lieu ou entreprise.
4. **Monster** - Propose des offres d'emploi dans divers domaines et offre des conseils pour la recherche d'emploi et le développement de carrière.
5. **LinkedIn** - Réseau social professionnel qui permet non seulement de trouver des offres d'emploi mais aussi de développer votre réseau professionnel.

Agences de recrutement et cabinets de chasse

1. **Michael Page** - Spécialisé dans le recrutement pour les postes de cadres et de dirigeants.
2. **Hays** - Fournit des services de recrutement dans divers secteurs, y compris la finance, l'ingénierie, les res-

sources humaines, etc.

3. **Robert Half** - Recrute pour des postes dans les domaines de la finance, de la comptabilité, de l'informatique et de l'administration.
4. **Kelly Services** - Offre des solutions de recrutement et de gestion des talents à l'échelle internationale.
5. **Page Personnel** - Spécialisé dans le recrutement pour les postes de soutien et de première ligne dans divers secteurs.

Comment utiliser cette liste

- **Exploration** : Parcourez ces sites d'emploi pour rechercher des opportunités correspondant à votre profil et à vos aspirations professionnelles.
- **Inscription** : Créez des profils sur les plateformes pertinentes pour recevoir des alertes d'emploi et postuler facilement aux offres qui vous intéressent.
- **Contact** : Contactez les agences de recrutement pour discuter de vos compétences et de vos objectifs professionnels, et pour bénéficier de leur expertise dans le marché du travail.

Cette liste vous offre un point de départ pour votre recherche d'emploi. N'hésitez pas à explorer ces ressources et à utiliser les services offerts pour maximiser vos chances de trouver l'emploi qui vous convient.

ANNEXE C : CHECK-LIST POUR L'ENTRETIEN D'EMBAUCHE

Préparer un entretien d'embauche de manière efficace nécessite une attention particulière aux détails. Cette check-list vous aidera à vous assurer que vous avez couvert tous les aspects importants avant votre entretien :

Avant l'entretien

1. **Recherche sur l'entreprise :**
   - ✓ Comprendre la mission, les valeurs et les produits/services de l'entreprise.
   - ✓ Se renseigner sur l'actualité récente et les projets en cours de l'entreprise.

2. **Préparation des documents :**
   - ✓ Imprimer plusieurs copies de votre CV et de votre lettre de motivation.
   - ✓ Préparer une liste de références professionnelles, si nécessaire.

3. **Tenue vestimentaire :**
   - ✓ Choisir une tenue professionnelle adaptée au secteur et à la culture de l'entreprise.

4. **Itinéraire et timing :**
   - ✓ Planifier l'itinéraire vers le lieu de l'entretien et estimer le temps de trajet.
   - ✓ Prévoir d'arriver en avance pour éviter le stress lié au retard.

Pendant l'entretien

1. **Communication non verbale :**
   - ✓ Maintenir un contact visuel et une posture

ouverte.
- ✓ Serrer la main fermement et avec assurance à votre arrivée.

2. **Réponses aux questions :**
   - ✓ Écouter attentivement chaque question posée par l'intervieweur.
   - ✓ Structurer vos réponses de manière claire et concise, en mettant en valeur vos compétences et expériences pertinentes.

3. **Questions à poser :**
   - ✓ Préparer des questions intelligentes sur l'entreprise et le poste.
   - ✓ Poser des questions sur la culture d'entreprise, les perspectives d'évolution et les défis du poste.

4. **Suivi :**
   - ✓ Prendre des notes discrètement pendant l'entretien pour faciliter le suivi.
   - ✓ Demander les prochaines étapes du processus de recrutement et le délai de retour.

Après l'entretien

1. **Remerciement :**
   - ✓ Envoyer un courriel de remerciement à l'intervieweur pour l'opportunité et le temps accordé.

2. **Auto-évaluation :**
   - ✓ Réfléchir sur votre performance pendant l'entretien et identifier les points forts et les domaines à améliorer.

3. **Suivi :**

- ✓ Suivre les instructions fournies par l'intervieweur concernant le suivi du processus de recrutement.

En utilisant cette check-list, vous pouvez vous assurer d'être bien préparé(e) et de maximiser vos chances de réussite lors de votre prochain entretien d'embauche. Chaque étape contribue à créer une impression positive et professionnelle auprès de vos potentiels employeurs.

Note : Cette check-list est conçue comme un guide général. N'hésitez pas à l'adapter en fonction de vos besoins spécifiques et des détails uniques de votre entretien.

ANNEXE D : PROGRAMME DE RECHERCHE D'EMPLOI

Un programme de recherche d'emploi structuré est essentiel pour maximiser votre efficacité et vos chances de succès. Cette annexe propose un guide détaillé pour organiser votre processus de recherche d'emploi :

Étape 1 : Préparation initiale
1. **Auto-évaluation :**
   - Évaluer vos compétences, vos expériences professionnelles et vos objectifs de carrière.
2. **Définir vos critères :**
   - Clarifier vos préférences en termes de secteur d'activité, de type d'entreprise, de localisation géographique, etc.
3. **Rédiger ou mettre à jour votre CV :**
   - Structurer votre CV de manière claire et professionnelle en mettant en valeur vos compétences et vos réalisations pertinentes.
4. **Rédiger des lettres de motivation :**
   - Personnaliser vos lettres de motivation en fonction des exigences spécifiques des postes auxquels vous postulez.

Étape 2 : Recherche d'opportunités
1. **Utilisation des plateformes en ligne :**
   - Explorer des sites d'emploi comme Pôle Emploi, Apec, Indeed, Monster pour rechercher des offres correspondant à votre profil.
2. **Réseautage professionnel :**

- Utiliser LinkedIn et d'autres réseaux sociaux professionnels pour élargir votre réseau et découvrir des opportunités cachées.

3. **Participation à des événements de recrutement :**
   - Assister à des salons de l'emploi, des foires de recrutement et des événements de réseautage pour rencontrer des recruteurs et des professionnels du secteur.

Étape 3 : Candidature et suivi

1. **Postuler aux offres :**
   - Soumettre des candidatures complètes et personnalisées en suivant les instructions spécifiques de chaque annonce.
2. **Suivi des candidatures :**
   - Suivre les étapes du processus de recrutement et rester en contact avec les recruteurs après avoir soumis votre candidature.

Étape 4 : Préparation aux entretiens

1. **Recherche sur l'entreprise :**
   - Se renseigner sur l'entreprise, sa culture, ses valeurs et ses projets récents.
2. **Préparation des réponses aux questions courantes :**
   - Anticiper les questions d'entretien et préparer des réponses structurées et pertinentes.
3. **Simulation d'entretiens :**
   - Pratiquer des simulations d'entretiens avec des amis, des mentors ou des coachs pour améliorer vos compétences en communication et votre confiance.

Étape 5 : Suivi post-entretien

1. **Remerciements :**

- Envoyer un courriel de remerciement aux intervieweurs pour l'opportunité et exprimer votre intérêt pour le poste.

2. **Suivi des résultats :**
    - Attendre les retours des recruteurs et prendre des mesures appropriées en fonction des résultats de l'entretien.

Étape 6 : Évaluation et ajustement

1. **Auto-évaluation continue :**
    - Évaluer votre progression, identifier les domaines d'amélioration et ajuster votre stratégie de recherche d'emploi si nécessaire.

2. **Formation continue :**
    - Identifier les opportunités de formation et de développement professionnel pour renforcer vos compétences et augmenter vos chances de succès.

En suivant ce programme de recherche d'emploi étape par étape, vous pouvez structurer efficacement votre parcours vers un nouvel emploi et maximiser vos chances de trouver une opportunité professionnelle correspondant à vos aspirations et à vos compétences.

Note : Adaptez ce programme en fonction de votre situation personnelle et des exigences spécifiques du marché du travail dans votre domaine d'activité.

LE MOT DE LA FIN

Rappelez-vous toujours de l'importance de la préparation, de la persévérance et de l'adaptabilité. Chaque étape de votre recherche d'emploi vous rapproche un peu plus de l'opportunité idéale. Chaque expérience, positive ou négative, est une occasion d'apprentissage et de renforcement de votre parcours professionnel.

Nous vous encourageons à rester motivé(e), à utiliser toutes les ressources disponibles et à maintenir une attitude positive. Votre détermination et votre engagement envers votre développement professionnel seront récompensés.

Nous vous souhaitons plein succès dans votre recherche d'emploi. N'oubliez pas que chaque défi surmonté vous rend plus fort(e) et vous rapproche de vos objectifs professionnels.

À bientôt !

REMERCIEMENTS

Nous tenons à exprimer notre profonde gratitude à toutes les personnes qui ont contribué à la réalisation de cet ebook. Ce projet n'aurait pas été possible sans le soutien et la collaboration de nombreux individus dévoués.

Remerciements spéciaux

- **Aux experts en recrutement** : Pour leurs précieux conseils et leurs contributions qui ont enrichi le contenu de cet ebook.
- **Aux professionnels et chercheurs d'emploi** : Pour leurs témoignages et retours d'expérience, qui ont aidé à illustrer les différentes étapes du processus de recherche d'emploi.
- **Aux équipes de rédaction et de conception** : Pour leur travail acharné et leur créativité, qui ont permis de structurer et de présenter les informations de manière claire et attrayante.

Remerciements particuliers

Nous remercions également toutes les plateformes en ligne, agences de recrutement et entreprises qui nous ont fourni des informations et des ressources, ainsi que les lecteurs pour leur intérêt et leur confiance.

À vous, lecteurs

Merci de nous avoir accompagnés tout au long de ce parcours. Nous espérons que cet ebook vous sera d'une grande aide dans votre recherche d'emploi et qu'il vous inspirera à atteindre vos objectifs professionnels.

Bonne chance et succès dans vos futures démarches !

Sincèrement,

www.ingramcontent.com/pod-product-compliance
Lightning Source LLC
Chambersburg PA
CBHW071841210526
45479CB00001B/233